VENTE

du 19 Novembre 1904

HOTEL DROUOT, Salle N° 10

Curiosités Militaires

Mᵉ V. TERNISIEN

Commissaire-priseur

M. G. COURTOIS

CATALOGUE

DES

CURIOSITÉS MILITAIRES

qui seront vendues

HOTEL DROUOT, SALLE N° 10

Le Samedi 19 Novembre 1904

A DEUX HEURES

<p align="center">~~~~~~~~~~~~~~~~~~~~~~~~</p>

Mᵉ V. TERNISIEN	**M. G. COURTOIS**
Commissaire-Priseur	*Expert*
10, RUE DE CHANTILLY, 10, PARIS	44, RUE POUSSIN, 44, PARIS

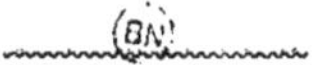

EXPOSITION PUBLIQUE

Le Jeudi 17 Novembre 1904, de deux heures à six heures

CONDITIONS DE LA VENTE

La vente sera faite au comptant.

Les adjudicataires payeront *dix pour cent* en sus du prix d'adjudication.

L'exposition permettant au public de se rendre compte de l'état et de la nature des objets, il ne sera admis aucune réclamation une fois l'adjudication prononcée.

N. B. — *L'entrée de la salle sera rigoureusement interdite aux heures autres que celles indiquées pour l'Exposition publique et la Vente.*

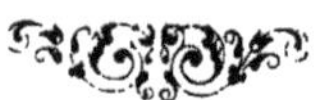

DÉSIGNATION

ARMES. CANONS

1 — Sabre fer. Officier de Hussards. Louis XV.

2 — Sabre. Gendarme de la garde du roi. Louis XV.

3 — Sabre de Gendarme. Louis XV.

4 — Epée d'Officier de la Maréchaussée. Louis XV.

5 — Sabre d'Officier d'Artillerie, Louis XV.

6 — Sabre de Gardes françaises. Louis XVI.

7 — Sabre de Chasseur à pied. Louis XVI.

8 — Sabre d'Officier de la maison du roi. Louis XVI.

9 — Fusil de Gardes françaises.

> Crosse matriculée 1783 Mars, et fleurdelysée ; canon gravé mod. 82 avec inscription : PP gardes françoises 2.

10 — Sabre en argent, Officier de cavalerie légère. Consulat.

11 — Sabre d'honneur, en argent. Consulat.

> Le Premier Consul au citoyen Brouthière François sergent-major de la 5e 1 2 brigade de ligne pour action d'éclat.

12 — Sabre courbe. Révolution.

13 — Sabre de Dragon. Révolution.

14 — Sabre de grosse cavalerie, garde cuivre rouge. Révolution.

15 — Sabre cimeterre en argent doré, Officier. Campagne d'Egypte.

16 — Sabre d'Officier de Mamelucks. Premier Empire.

17 — Sabre d'Officier du Train d'artillerie de la garde. Premier Empire.

18 — Sabre glaive de Timbalier. Premier Empire.

19 — Sabre d'Officier des Gardes du roi de Westphalie.

20 — Deux épées d'Officier. Premier Empire.

21 — Treize fusils divers.

22 — Fusil de Gardes du Corps. Restauration.

23 — Paire de pistolets de Gardes du Corps. Restauration.

24 — Sabre de Mousquetaire noir. Restauration.

25 — Sabre de Mousquetaire gris. Restauration.

26 — Garde d'épée de général sénateur. Restauration.

27 — Sabre de tambour major. Restauration.

28 — Dix sept haches et quatre lances.

29 — Sabre de tambour major du 2e Voltigeurs de la Garde. Second
Empire.

30 — Sabre Allemand. Epoque du grand Frédéric.

31 — Fusil donné par le roi. Restauration.

32 — Sabre d'officier d'artillerie. Premier Empire.

33 — Mousqueton de Versailles.

34 — Pistolet de gendarme du roi.

35 — Trente-trois sabres et épées variés.

36 — Six canons de différents modèles.

37 — Mortier gravé.

38 — Armes non cataloguées.

COIFFURES

3g — Mitre de bombardier, plaque argent et or, sur fond bleu. France.
Louis XV.

40 — Mitre, plaque argent, à visière mobile. France. Louis XV.

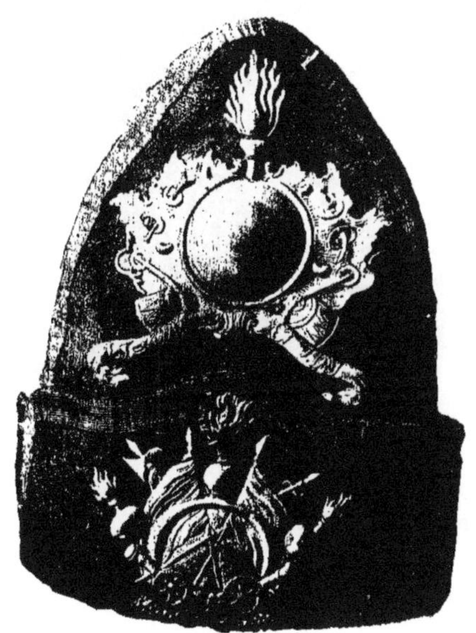

N° 39 — Mitre Louis XV

41 — Casque de Dragon Anglais, Officier. Epoque de la bataille de Fontenoy.

42 — Bonnet de police d'Officier d'Artillerie. Louis XVI.

En velours noir brodé soie de couleurs, rehaussé or fin.

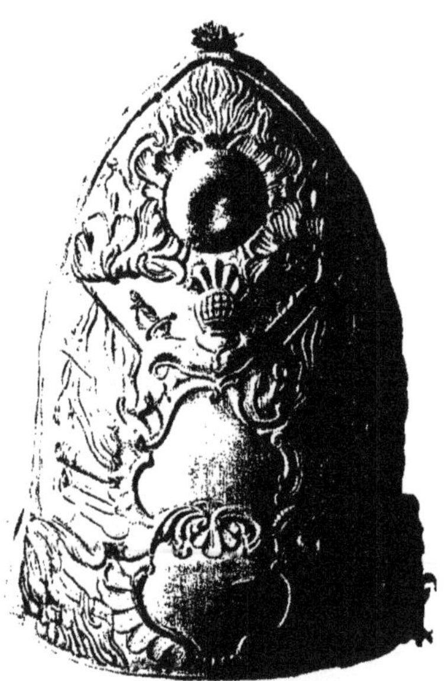

N° 40. — Mitre Louis XV

43 — Casque de Dragon, Officier, Consulat.

44 — Bonnet de police. Révolution.

Dans un médaillon, sur le devant, le portrait de Marat.

45 — Schapska de Lancier Polonais. Officier, Garde Impériale. Premier Empire.

46 — Turban de Mameluck, Garde Impériale. Premier Empire.

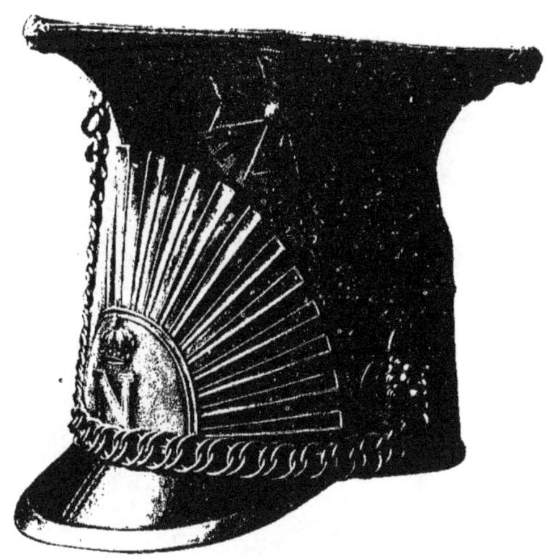

N° 45. — Schapska d'Officier de Lanciers Polonais, Garde Impériale. Premier Empire.

47 — Schako d'officier de la Jeune Garde. Premier Empire.

48 — Un autre.

49 — Schako de Hussard, plaque losange. Premier Empire.

5o — Schapska de Lancier rouge. Premier Empire.

51 — Polakem d'Officier du premier régiment de Chevau-Légers Lanciers, Premier Empire.

52-54 — Trois schakos d'Officier d'Infanterie. Premier Empire.

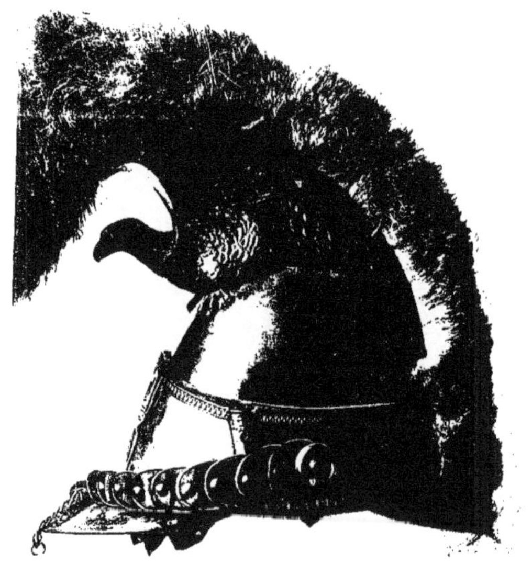

N° 56. — Casque d'Officier des Gardes de Jérôme Napoléon. Premier Empire

55 — Casque de Dragon de la Garde. Premier Empire.

56 — Casque d'Officier des Gardes de Jérôme Napoléon.

57 — Casque de Chevau-Légers Bavarois, premier régiment. Premier Empire.

58 — Schako de Garde d'honneur, troupe. Premier Empire.

59 — Casque de Dragon, Officier. Premier Empire.   .

60 — Casque de Cuirassier, Troupe. Premier Empire.

      Voir cuirasse n° 121.

61 — Bonnet de police, Officier supérieur. Premier Empire.

62 — Plusieurs casques, schakos et feutres du xviii° siècle au premier Empire.

63 — Coiffures omises au catalogue.

64 — Casque de Gendarme, maison du roi. Restauration.

65 — Casque de Mousquetaire gris, maison du roi. Restauration.

66 — Casque de Mousquetaire noir, maison du roi. Restauration.

67 — Casque de Chevau-Légers, maison du roi. Restauration.

68 — Casque de Garde du Corps, premier modèle, maison du roi. Restauration.

69 — Casque de Garde du Corps, second modèle, maison du roi. Restauration.

70 — Casque de Cuirassier de la Garde royale. Restauration.

Voir cuirasse Nº 122.

71 — Un autre.

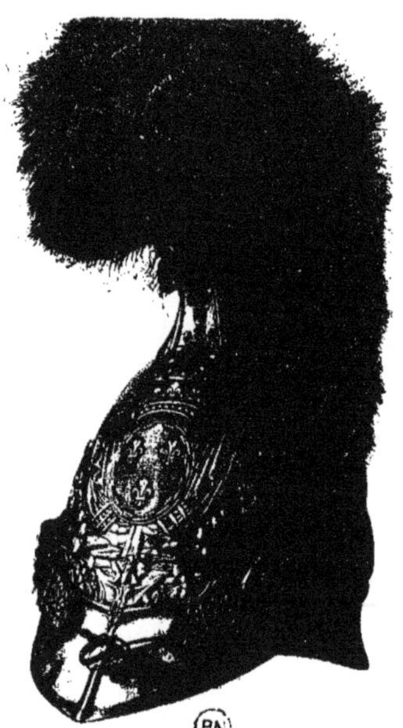

Nº 72. — Casque de Garde du Corps de Monsieur. Restauration

72 — Casque de Garde du Corps de Monsieur. Restauration.

73 — Casque d'Officier de Cuirassiers de la Garde royale, premier modèle. Restauration.

74 — Bonnet de police, Carabinier. Restauration.

75 — Feutre de Gendarme, maison du roi. Restauration.

76 — Casque garde national Restauration.

77 — Bonnet de police d'Officier des Cuirassiers de la reine. Restauration.

78 — Casque de Garde municipal. Paris, 1830.

79 — Schako, Artillerie, 1845.

80 — Schako, Chasseur d'Orléans, 1845.

81 — Schako de Chasseur à pied, Garde Impériale. Second Empire.

82 — Schapska de Lancier de l'Impératrice. Second Empire.

83 — Schako de Voltigeur, premier modèle. Second Empire.

84 — Talpack d'Artillerie de la Garde. Second Empire.

85 — Casque de Dragon de la Garde, Officier. Second Empire.

86 — Casque de Cuirassier de la Garde, Officier. Second Empire.

87 — Casque de Cent Gardes, avec matelassure et plumet. Second Empire.

> Voir cuirasse N° 123.

88 — Casque d'Officier de Cent Gardes. Second Empire.

> Voir cuirasse N° 124.

89 — Casque essai, Cent Gardes. Second Empire.

90 — Sous ce numéro seront vendus :
Un casque de Cent Gardes.
Deux schakos Garde Nationale 1830 et 1848.
Un schapska d'officier de Lanciers. Second Empire.
Un bonnet à poil. Grenadiers de la garde. Second Empire.
Cinq bonnets de police divers.

UNIFORMES

91 — Habit d'officier. France. Louis XV.

92 — Habit de volontaire, 1793, enfant.

93 — Habit ayant appartenu au Premier Consul.

> En drap écarlate; revers, col, parements et passants d'épaulettes en drap bleu avec broderies de feuilles de laurier argent fin; retroussis blanc également brodés ornés d'écussons écarlate brodés au chiffre N. B. Grands et petits boutons en argent timbrés aux mêmes initiales N. B.

94 — Costume d'officier général des Gardes d'honneur du département de la Manche. Premier Empire.

> Habit drap bleu, col et parements aurore brodés chêne argent fin; hongroise soutachée argent; schabraque en velours paille brodée argent fin et chenillée.

95 — Habit d'officier de la Légion de la Vistule. Premier Empire.

96 — Tenue complète. Infanterie de ligne. Premier Empire.

> Sur mannequin.

97 — Tenue complète. Infanterie légère. Premier Empire.

> Sur mannequin.

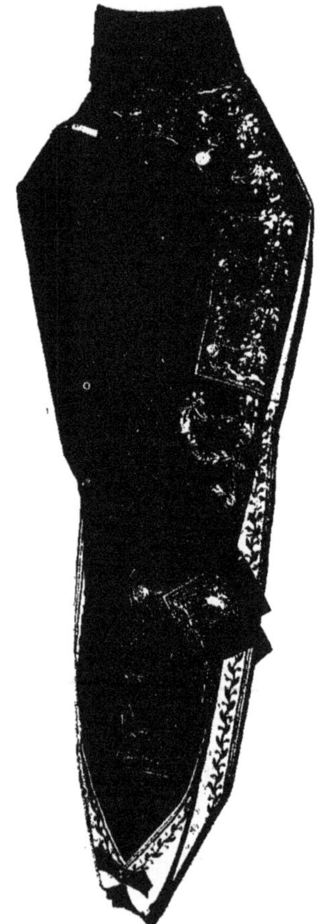

Nº 93. — Habit ayant appartenu au Premier Consul

98 — Habit, gilet et culotte. Infanterie légère. Premier Empire.

99 — Habit d'Infanterie légère, Officier. Premier Empire.

100 — Plusieurs tenues Révolution et Premier Empire.

101 — Habit de Légion départementale. Restauration.

102 — Habit de Gendarme de la maison du roi. Restauration.

103 — Habit de Chevau-Légers, Maison du roi. Restauration.

104 — Habit de Garde de la Porte. Maison du roi. Restauration.

105 — Un autre d'enfant.

106 — Habit de Page du roi. Restauration.

107 — Habit de Tambour-Major. Ecole polytechnique. Restauration.

108 — Habit d'officier de Chevau-Légers Lanciers. Restauration.

109 — Tenue complète. Infanterie Suisse de la garde royale. Restauration.
   Sur mannequin.

110 — Habit d'officier de Cuirassiers de la reine. Restauration.

111 — Habit de Tambour de la Garde Nationale Parisienne. Restauration.

112 — Justaucorps, culotte, baudrier et ceinturon avec ses plaques Cent-Suisses.

113 — Habit d'officier de la Garde Royale, grande tenue. Restauration.

114 — Habit de Brigadier ouvrier. Dragon de la Garde. Charles X.

115 — Plusieurs tenues de la Révolution au Second Empire.

116 — Soubreveste de Cent Gardes, tenue de salon.

117 — Effets divers.

118 — Effets français et étrangers d'époques variées.

CUIRASSES

119 — Cuirasse d'Officier, gravée, avec matelassure. Louis XV.

120 — Cuirasse de Cuirassier, troupe. Premier Empire.

121 — Une autre avec matelassure.

> Voir casque N° 60.

122 — Cuirasse d'Officier de Cuirassiers de la Garde Royale.

> Voir casque N° 70.

123 — Cuirasse de Cent Gardes.

> Voir casque N° 87.

124 — Cuirasse d'Officier de Cent Gardes.

> Voir casque N° 88.

125 — Cuirasses non cataloguées et plusieurs devants de cuirasses.

CUIVRERIE

126 — Trois plaques de mitre. Allemagne xviiie siècle.

127 — Hausse col, 30e 1/2 brigade. Révolution.

128 — Plaque de sabretache, Chasseurs de la Garde.

129 — Fleuron de poitrail, mameluck. Premier Empire.

130 — Aigle en cuivre rouge et petites grenades. Premier Empire.

131 — Attribut de giberne des Gardes de la Porte. Restauration.

132 — Plaque de ceinturon, Officier Louis XVI.

133 — Plaque de ceinturon, Officier de la Garde Nationale. Révolution.

134 — Lot de plaques de différents régimes.

135 — Attribut de baudrier de Tambour-Major. Restauration.

DÉCORATIONS

136 — Insigne des Vainqueurs de la Bastille.

137 — Croix d'officier or et argent, siège de Lyon, 1793. Restauration.

138 — Plaque de grand officier. Légion d'honneur. 1830.

139 — Quantité de décorations Françaises et Etrangères.

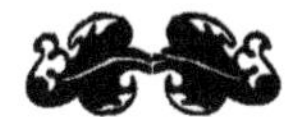

MORS

140 — Mors de grosse cavalerie Louis XVI et R. F.

141 — Mors, Officier de cavalerie légère. Premier Empire.

142 — Mors de Mousquetaire noir.

143 — Mors de Cuirassier de la reine, Louis XVIII.

144 — Mors, Garde impériale. Second Empire.

145 — Mors, Guides. Second Empire.

146 — Mors, Dragon. R. F. et Empire.

147 — Mors, Officier monté, garde. Second Empire.

148 — Mors, Artillerie de la garde. Second Empire.

149 — Mors, Cuirassiers de la reine. Charles X.

150 — Mors, Dragons, et Cuirassiers. Second Empire.

151 — Mors, Lanciers de la Garde. Second Empire.

152 — Mors, Chasseur, garde. Second Empire.

153 — Mors. Chasseur, porté vers 1848.

DIVERS

154 — Plaque de cheminée datée 1812 et ornée de l'aigle impérial couronné.

155 — Baril de vivandière du premier régiment de Cuirassiers de la garde. Second Empire.

156 — Grosse caisse ornée de peinture. Angleterre. XVIIIᵉ s.

157 — Epaulettes, dragonnes, aiguillettes, de différentes époques.

158 — Paire d'épaulettes, gendarme du roi. Restauration.

159 — Paire d'épaulettes et aiguillettes de Cent Gardes.

160 — Aiguillettes de Cent Gardes.

161 — Ceinturon et filet de bride de Gendarme de la maison du roi. Restauration.

162 — Sabretache d'Officier d'Artillerie de la garde impériale. Second Empire.

163 — Sabretache et giberne d'Officier d'Artillerie. Angleterre.

164 — Giberne d'Artillerie de la Garde royale. Restauration.

165 — Giberne d'infanterie. Garde Consulaire.

166 — Plusieurs sabretaches. Restauration et second Empire.

167 — Quatre statuettes bronze, sujets militaires par Frémiet.

168 — 43 vol. *Journal officiel militaire* de 1815 à 1897, dont 13 reliés. Collection Millot.

169 — Buffleteries. Gibernes.

170 — Fouragères, aiguillettes, épaulettes.

171 — Plumets.

172 — Douze paires d'épaulettes.

173 — Coq de drapeau, troupe, Louis Philippe.

174 — Centre de drapeau, régiment du Dauphin. Louis XV.

175 — Objets omis au Catalogue.

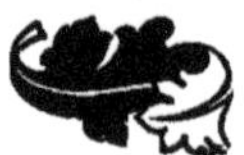

9 782329 510019